CW00968866

LE PETIT CHAPERON ROUGE

Crédits photographiques :
p. 51 : © Philippe Carbonneaux
p. 55, 59, 67 : © Elisabeth Carecchio

ISBN 978-2-330-03085-8

JOËL POMMERAT

LE PETIT CHAPERON ROUGE

théâtre

Postface de Marion Boudier

pour Agathe

PERSONNAGES

La petite fille
La grand-mère
L'Homme qui raconte
Le loup
L'ombre
La mère

L'HOMME QUI RACONTE. Il était une fois une petite fille qui n'avait pas le droit de sortir toute seule de chez elle
ou alors à de très rares occasions
donc
elle s'ennuyait
car elle n'avait ni frère ni sœur
seulement sa maman
qu'elle aimait beaucoup
mais ce n'est pas suffisant.

Alors elle jouait
elle jouait
elle jouait
seule
toute seule.

Elle aurait bien aimé jouer davantage avec sa mère.
Mais le temps manquait à sa mère pour pouvoir jouer avec elle.
Sa mère disait toujours : le temps me manque.
Il me manque du temps.
Je n'ai pas le temps de jouer avec toi.

La petite fille un jour avait voulu faire un cadeau utile
à sa maman
lui offrir du temps
elle lui avait dit : tiens je te donne du temps maman
mais sa mère ne s'était même pas rendu compte du
cadeau que lui faisait sa petite fille et tout était resté
comme avant.

Parfois la petite fille cherchait par tous les moyens
à se faire remarquer mais toujours la maman de la
petite fille était tellement occupée qu'elle ne voyait
même
plus sa petite fille. La petite fille, elle, voyait sa maman, mais sa maman, elle, ne voyait pas sa petite
fille.
C'était exactement comme si la petite fille était devenue oui invisible.
Heureusement ce n'était pas tous les jours comme
cela.
Certains jours la maman de la petite fille prenait le
temps de jouer un peu.
Le jeu préféré de la petite fille c'était quand sa maman jouait à lui faire monstrueusement peur.
C'étaient les jours où la maman de la petite fille avait
un peu de temps et où elle était de bonne humeur.
La maman jouait à faire la bête monstrueuse.
Elle faisait tellement bien cela que la petite fille finissait toujours par supplier sa maman de ne plus le faire.
Ne le fais plus disait-elle à sa maman
mais
une minute plus tard elle lui redemandait de le faire
alors la maman recommençait

et la petite fille lui redemandait de ne plus le faire.
Oui des fois elle criait même
tellement elle avait peur
peur de sa maman qui faisait la bête, la bête monstrueuse.
La petite fille n'aimait pas avoir peur.
La petite trouvait que sa maman était vraiment belle
même quand elle devenait une bête.

Souvent la petite fille restait chez elle
dans sa maison
une très petite maison.
Parfois des voisins passaient devant la porte
elle les regardait
parfois il pleuvait parfois il faisait beau.
Parfois elle allait à l'école qui était à côté de la maison
parfois il y avait des mendiants qui venaient devant la maison demander de l'argent à sa mère
parfois il y avait d'autres enfants qui venaient devant la maison
parfois elle jouait avec les autres enfants
parfois elle s'amusait quand même
mais parfois… elle s'ennuyait souvent.
Parfois aussi la petite fille avait peur pour sa mère sa maman quand sa maman partait toute seule loin on ne sait où
et qu'elle devait garder la maison à sa place
se garder toute seule se garder elle-même en fait.
S'il arrivait quelque chose à sa maman en route sa maman ne pourrait pas la prévenir
et alors on ne sait pas ce qui arriverait.

Non on ne le sait pas.
On ne sait pas ce qui arriverait à sa maman et puis à elle
finalement.

La maman de la petite fille avait une maman elle aussi
qui habitait dans une autre maison ailleurs dans la campagne
il paraît que la maman de la maman de la petite fille
ressemblait beaucoup à la maman de la petite fille
mais en plus vieille
en nettement plus âgée
car la maman de la maman de la petite fille était vraiment une femme très âgée
vraiment vieille
la petite fille ne trouvait pas que les deux femmes se ressemblaient tellement.

Quand la mère de la petite fille allait voir sa maman
elles ne se parlaient pas beaucoup non
car la maman de la maman de la petite fille était très fatiguée depuis qu'elle était malade.

Elles ne se parlaient pas mais elles aimaient bien rester ensemble
à ne rien se dire.
Juste être assises
en silence
car la maman de la maman de la petite fille était très fatiguée à cause de sa vieillesse.
Elle disait que même seulement écouter la fatiguait

elle disait aussi : ce n'est pas drôle
non lui répondait la maman de la petite fille.

La petite fille aurait bien aimé aller plus souvent voir sa grand-mère la maman de sa maman à elle car lorsqu'elles étaient ensemble la petite fille aimait bien lui poser des questions sur sa maman lorsque sa maman était alors une petite fille comme elle.
Mais comme la maman de sa maman était trop fatiguée à cause de sa vieillesse
elle ne lui répondait pas toujours
parfois elle lui répondait
mais pas vraiment.

La petite fille pensait souvent à la mère de sa maman elle y pensait tellement souvent que souvent elle demandait à sa maman si c'était aujourd'hui
le jour d'aller la voir
elle aimait bien aller la voir
elle aimerait bien aujourd'hui aller la voir disait-elle.
Mais la mère de la petite fille répondait pratiquement toujours non.
Ce n'est pas le jour aujourd'hui disait-elle.
La petite fille insistait insistait vraiment.
Sa maman lui répondait qu'elle n'avait pas vraiment le temps d'y aller aujourd'hui
elle n'avait pas le temps d'accompagner sa petite fille aujourd'hui car la maison de la mère de la maman de la petite fille était vraiment trop loin
il fallait vraiment beaucoup trop marcher et c'était vraiment trop long d'y aller et de l'accompagner aujourd'hui.

La petite fille répondait : mais je peux y aller toute seule ! Mais pourquoi je ne peux pas y
aller toute seule.
Je peux aller toute seule chez ma grand-mère quand même je suis assez grande maintenant.
Sa mère riait car elle trouvait que sa petite fille n'est vraiment pas grande du tout
plutôt très petite même oui vraiment très petite.
Elle disait : il faut marcher presque une heure sur la route
et puis il faut passer par le bois
et dans le bois
il y a des bêtes disait la maman de la petite fille
plein de bêtes monstrueuses qui te feraient très peur
si elles te voyaient passer toute seule sur la route
car elles te verront disait-elle
et qu'est-ce que tu feras à ce moment-là ?
Je n'aurai pas peur répondait la petite fille en tremblant un peu.
Tu n'aurais pas peur des bêtes qui se trouvent dans le bois ?
Non disait la petite fille.
Tu n'aurais pas peur des bêtes qui se trouvent dans le bois ? répétait la maman.
Non répétait encore la petite fille.
Mais elles te mangeront disait la maman.
Ce n'est pas vrai disait la petite fille.
Tu ne crois pas que les bêtes comme cela auront envie de te manger ?
Et la maman de la petite fille refaisait encore et encore la bête monstrueuse qu'elle savait si bien faire

et la bête monstrueuse que faisait la maman finissait toujours par manger la petite fille.

Souvent quand la petite fille s'ennuyait elle se demandait si elle aurait vraiment peur le jour
où elle rencontrerait sa première véritable bête véritablement monstrueuse.

Pour occuper sa petite fille qui s'ennuyait et qui voulait toujours aller voir sa grand-mère
la maman de la petite fille dit un jour à la petite fille : fais donc à ta grand-mère un gâteau une tarte ou même un flan et quand tu l'auras fini et s'il est vraiment bien réussi je te laisserai partir toute seule chez elle lui apporter si tu veux mais pas avant.
La mère de la petite fille ne prenait pas tellement de risque de voir partir sa petite fille toute seule car la petite fille ne savait pas vraiment cuisiner.

Un jour la petite essayait de faire une tarte.
Un autre jour un gâteau.
Encore un autre jour un flan.
Mais ça ratait toujours
et ça finissait par beaucoup ennuyer la maman de la petite fille parce que sa cuisine devenait
de plus en plus sale.
Et puis un jour
pendant que sa maman n'était pas là la petite fille a réussi à faire un flan on ne sait pas trop comment et quand sa maman est rentrée elle a pu voir la petite fille debout à côté de la table
avec son flan

un flan très mou
qui débordait presque du plat mais qui avait l'air quand même très réussi.
La maman de la petite fille était très embêtée.

Alors elle a dit : demain si tu veux et si tu fais très attention à toi sur la route
tu n'as qu'à aller porter le flan que tu viens de faire à ta grand-mère
c'est vrai qu'elle sera heureuse de te voir parce qu'elle est souvent triste d'être seule
en plus d'être vieille.

Mais il faudra bien faire attention à toi lui redit sa maman
faire très attention à toi.

Oui a répété plusieurs fois la petite fille oui.

Le lendemain matin
avec son flan qui avait été emballé par sa maman
la petite fille
était prête à partir chez sa grand-mère
partir toute seule
faire le chemin toute seule pour se rendre chez sa grand-mère
oui
car c'était le jour enfin
enfin le jour de
faire le chemin
pour aller chez sa grand-mère qui était arrivé.

En chemin
la petite fille entendait ses pas résonner sur la route.

Et elle voyait la maison de sa maman et sa maman au loin devenir de plus en plus petites.

Elle était toute seule sur la route maintenant
et elle entendait ses pas résonner.

Il n'y avait plus que son ombre à côté d'elle
son ombre
avec laquelle elle pouvait se sentir encore un peu en sécurité.
Une ombre très belle qui ressemblait par chance un peu à sa maman.
Cette ombre c'était une ombre très jolie
qui la rassurait beaucoup car elle était évidemment un peu plus grande qu'elle.
Le seul problème c'est que cette ombre n'était visible que lorsque le soleil réussissait à passer à travers les grands arbres.
Quand les arbres ne laissaient pas passer le soleil alors cette ombre disparaissait et la laissait toute seule.

La petite fille une fois que sa maison eut complètement disparu au loin commençait à se demander si elle avait bien fait de vouloir partir ainsi toute seule elle se demanda même si elle n'aurait pas envie dans le fond de retourner tout de suite chez elle.
Elle pensa à sa maman.
Elle se demanda ce que sa maman pouvait bien faire en l'attendant

et si elle n'était pas déjà en train d'oublier sa petite fille.
Elle eut d'un coup très envie de pleurer…
et puis elle pensa à sa grand-mère
à qui elle allait faire une vraie surprise et cela lui donna à nouveau envie de continuer.
Elle se mit donc à penser très fort à sa grand-mère.
Elle se dit que sa grand-mère serait tellement étonnée de la voir, qu'elle la trouverait sans aucun doute très courageuse d'avoir ainsi fait le chemin toute seule, qu'elle la trouverait une très grande fille, peut-être même déjà un peu femme et cela lui donna vraiment envie de continuer.

Elle se baissa pour ramasser une petite fraise et la manger
en faisant bien attention de ne pas renverser son flan qui était très mou
et vit un écureuil et d'un seul coup elle se sentit vraiment heureuse d'être là sur la route.

Elle vit également que son ombre était revenue
elle n'avait plus besoin d'être rassurée car sa peur s'était envolée mais elle était bien contente
quand même de pouvoir être accompagnée.

Est-ce que tu vas rester avec moi pendant tout le chemin ? Avec moi ? dit la petite fille.

Je ne sais pas, dit l'ombre, si tu vas dans le bois sous les grands arbres où il fait sombre presque nuit alors je ne pourrai plus t'accompagner.

Alors je n'irai pas sous les grands arbres, dit la petite fille, comme ça nous resterons ensemble jusqu'à la maison de ma grand-mère.

Et elles continuèrent à avancer sur la route en continuant à bavarder entre elles comme si elles se connaissaient depuis toujours.

La petite fille eut l'impression que cette ombre avait envie de jouer avec elle.
Pour jouer, elle se mit à essayer de la surprendre. Avec des mouvements de plus en plus inattendus, mais cette ombre n'était vraiment pas si simple à surprendre. Très vite même ce fut l'ombre qui surprenait la petite fille. Et au bout d'un moment ce fut la petite fille qui demanda à l'ombre d'arrêter le jeu, tellement le jeu finissait par la fatiguer.

Cette ombre était vraiment beaucoup plus rapide et souple qu'elle. Elle pensa même qu'elle se trouvait vraiment lourde en comparaison. Cette ombre était vraiment la plus légère chose qu'elle n'ait jamais rencontrée.

Sans vraiment s'en rendre compte la petite fille s'était un peu avancée sous les arbres, et à la place de son ombre elle ne voyait plus maintenant que des petits insectes qui lui volaient autour.
Elle aperçut aussi deux grands yeux qui avaient l'air d'observer dans sa direction.
Elle pensa qu'elle n'avait jamais rien vu d'aussi beau et elle eut tout de suite envie de s'approcher.

Ce n'était pas une chose ordinaire qu'elle avait devant elle.
C'était même vraiment une très belle chose cette chose qu'elle avait devant elle.
La petite fille pensa qu'elle en avait peur, c'est vrai, mais que cette chose ne ressemblait en rien à la bête monstrueuse qu'elle s'attendait à rencontrer dans les bois, comme le lui avait prédit sa maman, au contraire.

Elle s'approcha.
Elle s'approcha encore.
Elle s'approcha encore et encore.
Elle s'approcha encore et encore et encore.

Elle se dit que c'était même un peu agréable d'avoir un petit peu peur de quelque chose qui avait l'air d'être aussi vrai.

Elle se mit à parler.
Et elle eut l'impression que cette chose qui avait l'air d'être un animal, ressemblant finalement un peu à un vrai loup, lui répondait.

LA PETITE FILLE. Je n'ai pas peur de toi.

LE LOUP. Moi non plus je n'ai pas peur.

LA PETITE FILLE. Je ne sais pas qui tu es.

LE LOUP. Je ne te connais pas moi non plus.

LA PETITE FILLE. Je ne sais pas qui tu es mais je n'ai pas peur.

LE LOUP. Qu'est-ce que tu fais par ici ? Tu es très jolie…

LA PETITE FILLE. Toi aussi tu es très joli aussi… je vais quelque part… chez ma grand-mère qui est la mère de ma mère et qui est très vieille comme le sont souvent les vieux maintenant.

LE LOUP. Jamais on ne voit d'enfant comme toi venir toute seule jusqu'ici.

LA PETITE FILLE. Je crois que je suis sortie de mon chemin en jouant un peu avec mon ombre et j'ai atterri comme ça sous les grands arbres sans faire attention.

LE LOUP. Ton ombre est encore là ?

LA PETITE FILLE. Non, elle ne va jamais sous les grands arbres, j'ai juste un flan avec moi, que j'ai fait moi-même pour ma grand-mère, la mère de ma mère, qui habite une maison qui n'est pas très loin d'ici par la route, j'espère que tu n'auras pas envie d'en manger car je ne l'ai pas fait pour toi.

LE LOUP. Ce n'est pas grave.

LA PETITE FILLE. Je l'ai fait en pensant à ma grand-mère qui est la mère de ma mère et qui est triste car elle est un peu trop toute seule toute la journée en ce moment à cause du fait qu'elle est malade et qu'elle ne peut pas sortir.

LE LOUP. Tu penses beaucoup à ta grand-mère ?

LA PETITE FILLE. Oui beaucoup, beaucoup trop même je crois, ça me rend triste de savoir qu'elle est beaucoup trop toute seule, c'est triste d'être trop tout seul dans la vie.

LE LOUP. Est-ce que tu serais contente si je venais aussi la voir avec toi ?

LA PETITE FILLE. Oh oui je crois, elle n'attend personne d'autre que moi aujourd'hui mais cela lui ferait aussi plaisir je crois que tu m'accompagnes. Est-ce que tu es trop tout seul toi aussi des fois ?

LE LOUP. Oui des fois.

LA PETITE FILLE. On pourra tous manger finalement un peu de mon flan si tu viens. Est-ce que tu as un peu faim ?

LE LOUP. Oui un peu c'est vrai, ce n'est pas facile de manger tous les jours quelque chose qui fasse vraiment plaisir à l'intérieur.

LA PETITE FILLE. Moi je mange tous les jours des choses qui me font un peu plaisir à l'intérieur.

LE LOUP. Tu as de la chance.

LA PETITE FILLE. Oui car ma maman me donne à manger tous les jours.

LE LOUP. C'est bien je t'envie de manger tous les jours quelque chose que tu aimes toi.

LA PETITE FILLE. Viens avec moi alors, tu n'as qu'à me suivre et je vais t'amener directement dans la maison de ma grand-mère où tu pourras manger un peu quelque chose avec moi et ma grand-mère si tu veux, quelque chose je l'espère que tu aimeras bien.

LE LOUP. Oui je veux, je veux bien alors.

LA PETITE FILLE. Ce sera bien.

LE LOUP. Est-ce que tu sais qu'il y a deux chemins pour te rendre à la maison de ta grand-mère ?

LA PETITE FILLE. Ah bon ?!!!

LE LOUP. Oui.

LA PETITE FILLE. Tu sais toi aussi où elle habite ma grand-mère ?

LE LOUP. Oui, bien sûr, on peut y aller soit par le petit chemin qui continue sous les grands arbres ou bien y aller par le grand chemin qui passe par la route où il y a plein de petites fleurs qui poussent en ce moment sur le bord.

LA PETITE FILLE. Moi je connais mieux le grand chemin qui passe par la route où il y a plein de petites fleurs qui poussent sur le bord.

LE LOUP. On pourrait s'amuser à faire un petit jeu si tu veux alors, toi tu irais chez ta grand-mère par l'un des deux chemins et moi par l'autre, et à la fin on verrait bien quel est le premier de nous deux qui arrive avant l'autre, est-ce que tu es d'accord ?

LA PETITE FILLE. Oui, je veux bien si tu veux.

LE LOUP. Alors faisons-le.

LA PETITE FILLE. Quel est le chemin que tu choisis toi ?

LE LOUP. Moi ça m'est égal, tu peux choisir celui que tu préfères, c'est normal, c'est toi qui es la plus petite et la plus jolie de nous deux.

LA PETITE FILLE. Moi je crois que je préfère prendre le grand chemin qui passe par la route où il y a plein de petites fleurs qui poussent sur le bord.

LE LOUP. Alors d'accord moi je prendrai le petit chemin qui continue sous les grands arbres, et on verra quel est le premier de nous deux qui arrive chez ta grand-mère.

LA PETITE FILLE. Oui, c'est vraiment gentil comme jeu, je te laisse si tu y vas.

LE LOUP. Oui j'y vais.

LA PETITE FILLE. A tout à l'heure alors.

La petite fille et le loup s'en vont chacun de leur côté.

L'HOMME QUI RACONTE. Le loup, car c'était vraiment un vrai loup, cet animal qui a la réputation d'être dangereux aussi parfois, ce loup donc, avec qui la petite fille venait d'avoir une discussion, se mit à prendre le petit chemin qui continue sous les grands arbres et la petite fille, elle, prit le grand chemin qui passe par la route.

Et tous les deux maintenant se dirigeaient en direction de chez la grand-mère de la petite fille.
Et tous les deux, donc, devaient se dépêcher le plus possible. Pour essayer d'arriver le plus vite possible à la maison de la grand-mère, car c'était cela le jeu qu'ils jouaient ensemble.

La petite se sentait très fière d'avoir pu faire une telle rencontre sans quasiment ressentir de peur. Elle était très étonnée. Elle se sentait grande. Et se dit que plus jamais elle n'aurait de raison d'avoir à nouveau peur.
Elle était complètement dans ses pensées et n'aperçut même pas sa belle ombre qui était revenue à côté d'elle.

Elle se réjouissait de la surprise qu'elle allait pouvoir faire à sa grand-mère. Elle était vraiment très fière à l'idée de pouvoir lui présenter un vrai loup. Sa grand-mère serait sans doute très étonnée et n'en reviendrait pas de la voir en une telle compagnie.
A force d'avoir toutes ces pensées, au lieu de se dépêcher vraiment la petite fille oubliait surtout de ne pas trop traîner. Au contraire, chaque fourmi qui traversait la route l'occupait au moins pendant une minute. La petite fille ne pouvait s'empêcher de la suivre des yeux parfois même de l'accompagner jusqu'à sa fourmilière, ou même encore de lui raconter en plus ses exploits de la journée, son amitié nouvelle avec un loup et cette surprise qu'elle allait faire à sa grand-mère bientôt.
Les fourmis adorent qu'on leur raconte des histoires et certaines sont vraiment très bavardes.

C'est à cause de tout cela que la petite fille n'arriva pas la première devant la maison de sa grand-mère. Car le loup, lui, n'avait vraiment pas perdu de temps. Et il était déjà devant la porte de la maison.

Le loup était devant la porte de la maison mais ne savait pas comment entrer à l'intérieur car la porte était très bien fermée.
Il était un peu essoufflé et surtout impatient car il avait faim. Faim de tout son corps car cela faisait plusieurs jours qu'il n'avait rien mangé, à part quelques petites limaces et quelques gros vers de terre.
Mais ce n'est pas très nourrissant.

La porte de la maison de la grand-mère était une grosse porte, aussi lourde qu'une armoire en fer, et ce loup, qui était maigre, n'était pas assez fort en muscles pour l'ouvrir par ses propres moyens.
C'est pourquoi il se mit d'abord à réfléchir.
Puis il toqua.
A la porte.
Une fois. Deux fois.
Sans réponse.
Alors, il essaya autre chose.

Noir.
A l'intérieur de la maison de la grand-mère.
La grand-mère est couchée.
On entend une petite clochette.

LA GRAND-MÈRE. Est-ce que j'ai entendu quelqu'un devant la porte qui a sonné la clochette ?

LA VOIX DU LOUP. Oui… mémé.

LA GRAND-MÈRE. Est-ce que c'est toi ma petite-fille qui est là et qui a sonné la clochette ?

LA VOIX DU LOUP. Oui… c'est moi… mémé.

LA GRAND-MÈRE. C'est toi ma petite fille ?

LA VOIX DU LOUP. Oui… mémé.

LA GRAND-MÈRE. C'est toi qui as une si grosse voix aujourd'hui ?

LA VOIX DU LOUP. Oui mémé car je suis enrhumée aujourd'hui, j'ai mal à ma gorge et ma voix est devenue grosse.

LA GRAND-MÈRE. Ah bon.

LA VOIX DU LOUP. J'ai même fait peur à maman en me levant ce matin.

Un temps.

LA GRAND-MÈRE. Eh bien entre, qu'est-ce que tu attends encore ?

LA VOIX DU LOUP. Je ne peux pas ouvrir la porte toute seule aujourd'hui… mémé.

On entend la petite clochette.

LA GRAND-MÈRE. Arrête un peu de sonner la clochette et tire un peu plutôt sur la petite ficelle qui pend comme d'habitude.

LA VOIX DU LOUP. Je ne peux pas aujourd'hui mémé.

LA GRAND-MÈRE. Si tu tires sur la petite ficelle tu pourras entrer car le verrou n'est pas mis et la porte va s'ouvrir sans que tu aies besoin de la pousser trop fort.

LA VOIX DU LOUP. Je suis trop petite aujourd'hui pour atteindre la ficelle.

LA GRAND-MÈRE. Mais tu n'es pas si petite d'habitude.

LA VOIX DU LOUP. Oui mais aujourd'hui je ne sais pas pourquoi je suis plus petite que d'habitude.

LA GRAND-MÈRE. C'est quand même curieux ça. Je me suis couchée car je suis fatiguée et j'aurais bien aimé ne pas avoir à me lever pour aller t'ouvrir.

LA VOIX DU LOUP. Est-ce que tu peux venir m'ouvrir mémé s'il te plaît ?

LA GRAND-MÈRE. Bon, alors oui d'accord. Mais une minute si tu veux bien.

LA VOIX DU LOUP. Oui mémé.

La grand-mère se lève péniblement et se dirige vers la porte.
Noir.
On entend la porte grincer. Quelques instants plus tard, la porte est ouverte, le loup est assis devant la maison.

LA GRAND-MÈRE. Bon ben rentre. Moi, je vais me recoucher.

LE LOUP. Oui mémé.

LA GRAND-MÈRE. Je suis contente de te voir même si je n'y vois plus grand-chose aujourd'hui à cause de mes yeux, il faut bien reconnaître.

LE LOUP. Tu ne me vois pas ?

LA GRAND-MÈRE. Je te vois à peine, mais ma vision est vraiment de plus en plus basse et à vrai dire je ne te reconnais pas.

LE LOUP. Si tu reconnais à peine ta petite-fille alors il vaut mieux que tu ailles te coucher mémé, je vais m'occuper de tout aujourd'hui.

LA GRAND-MÈRE. Oh oui merci.

LE LOUP. De rien mémé.

LA GRAND-MÈRE. Oui tu es bien gentille. Est-ce que tu as faim ?

LE LOUP. Oui mémé.

LA GRAND-MÈRE. Alors sers-toi ma petite-fille, prends tout ce que tu veux ici, c'est ta vieille grand-mère qui te le commande.

LE LOUP. Merci mémé.

La grand-mère va se recoucher. Profitant qu'elle lui tourne le dos, le loup se jette sur elle et la dévore. Noir.

LA VOIX DE L'HOMME QUI RACONTE. Et c'est donc ainsi que le loup mangea avec appétit la grand-mère de la petite fille.
En attendant que celle-ci arrive à son tour et que son tour arrive aussi.

On voit la petite fille qui frappe à la porte devant la maison de la grand-mère.
Noir.
Quelques instants plus tard, la petite fille est entrée. Le loup est dans le lit de la grand-mère caché sous le drap.

LA PETITE FILLE *(effrayée)*. Je peux, je voulais te dire que ça ne sent pas non plus très bon chez toi mémé, ça sent un peu le renfermé, tu devrais ouvrir un peu plus souvent ta porte quand il fait beau dehors, l'air est vraiment meilleur à l'extérieur.

LE LOUP *(toujours sous le drap)*. Oui c'est vrai, mais viens, j'ai hâte que tu m'embrasses, nous sommes tellement tranquilles ici tous les deux.

LA PETITE FILLE. Oui c'est vrai, mais je vais poser mon flan d'abord, c'est un flan que j'ai fait pour toi tu sais parce que ma mère me l'a demandé.

LE LOUP. Ah bon.

LA PETITE FILLE. Oui je m'assois un peu quand même sur le tabouret là.

LE LOUP. On dirait que tu n'as pas envie de t'approcher de ta grand-mère.

LA PETITE FILLE. Oh non, c'est seulement que je suis un peu fatiguée alors je fais seulement une petite pause à cause de mes jambes qui ont trop marché dehors pour venir jusqu'ici.

LE LOUP. Tu pourrais mieux te reposer les jambes en t'asseyant là sur le lit à côté de moi.

LA PETITE FILLE. C'est ma mère qui m'a demandé de faire ce flan pour toi, j'espère que tu vas en manger et que tu vas l'aimer, ma mère ne croyait pas que je serais capable de faire toute seule un flan, elle me croit encore vraiment petite, et finalement je crois qu'elle ne me croit pas encore capable d'avoir des responsabilités dans la vie, les mères c'est toujours comme ça non ? C'est pénible.

LE LOUP *(impatient)*. Oui, viens plus près de moi.

LA PETITE FILLE *(de plus en plus effrayée)*. Ma mère et moi, on s'entend bien mais des fois c'est vrai j'ai un petit peu du mal à la supporter, elle s'inquiète de tout, alors elle en devient vraiment pénible, elle me prend pour une enfant.

LE LOUP *(de plus en plus impatient)*. Nous les mamans on s'inquiète beaucoup oui c'est vrai, viens plus près de moi.

LA PETITE FILLE. Quand elle était petite fille aussi et que tu étais déjà sa maman, toi aussi tu t'inquiétais quand elle partait de la maison ?

LE LOUP *(s'énervant)*. Oh oui, mais viens.

LA PETITE FILLE. Quand je serai grande moi je ne m'inquiéterai pas pour rien.

LE LOUP. Viens.

LA PETITE FILLE. Est-ce que tu veux que je vienne m'asseoir sur le lit là à côté de toi ?

LE LOUP. Oui parce que sinon je crois que je vais m'endormir tellement je suis fatiguée et je ne t'aurais pas vraiment vue tellement tu es loin de moi on dirait.

LA PETITE FILLE. Alors oui j'arrive.

La petite fille se lève mais ne bouge pas.

LE LOUP *(s'énervant de plus en plus)*. Qu'est-ce que tu fais ?

LA PETITE FILLE. Je pense encore à ma mère.

LE LOUP. C'est pas possible !

LA PETITE FILLE. Tu as une drôle de voix mémé quand tu t'énerves.

LE LOUP. Oh oui je sais, je faisais peur à ta maman quand elle était une petite fille comme toi.

LA PETITE FILLE. Moi aussi parfois ma maman me fait peur.

LE LOUP. Viens.

LA PETITE FILLE. J'aime ma maman et je suis triste quand je ne la vois pas.

LE LOUP. Mais viens.

LA PETITE FILLE. Oui je viens.
Est-ce que tu veux que je t'amène un peu de flan ?

LE LOUP. Non, juste toi.

LA PETITE FILLE. On dirait que tu n'es pas la même mémé que je connais.

LE LOUP. On change dans la vie, viens.

LA PETITE FILLE. Moi aussi j'ai changé.

LE LOUP. Oui tu es devenue bien grande maintenant, viens.

LA PETITE FILLE. C'est que ce loup qui devait venir n'est toujours pas là, il m'avait pourtant bien dit qu'il viendrait.

LE LOUP. Laisse donc ce loup où il est s'il te plaît.

LA PETITE FILLE. Ça me tracasse quand même un peu.

LE LOUP. Viens.

LA PETITE FILLE. Oui je viens.

LE LOUP. Moi je ne peux plus me lever.

LA PETITE FILLE. Je n'aime pas te voir aussi fatiguée mémé et aussi vieille.

LE LOUP. On devient tous vieux un jour.

LA PETITE FILLE. Non moi je deviendrai seulement une femme jeune et surtout belle et c'est tout.

LE LOUP. Viens.

LA PETITE FILLE. Oui je suis là, je m'assois près de toi.

La petite fille s'assoit à côté du loup. Elle est terrorisée.

LE LOUP. Oui c'est bien.

LA PETITE FILLE. Oui.

LE LOUP. Si tu as chaud tu peux enlever tes habits.

LA PETITE FILLE. Non j'ai un peu froid.

LE LOUP. Viens sous la couverture alors.

LA PETITE FILLE. Je suis déjà bien comme ça.

LE LOUP. Allonge-toi, tu seras encore mieux.

LA PETITE FILLE. J'ai peut-être entendu un bruit dehors.

Elle se lève.

LE LOUP. C'est seulement le vent.

LA PETITE FILLE. Tu as un peu des poils partout sur le corps.

LE LOUP. Tu exagères.

LA PETITE FILLE. Je suis triste.

LE LOUP. Pourquoi ?

LA PETITE FILLE. Je pense à ma maman.

LE LOUP. Viens, je vais te serrer dans mes bras.

LA PETITE FILLE. J'ai un peu chaud maintenant, je m'assois seulement.

La petite fille s'assoit à nouveau.

LE LOUP. Pose ta tête là sur moi.

LA PETITE FILLE. J'entends ton cœur qui bat et quelque chose qui gronde aussi à l'intérieur.

LE LOUP. C'est le tonnerre dehors que tu entends car il va faire de l'orage.

LA PETITE FILLE. Je n'aime pas l'orage.

LE LOUP. Je vais te protéger.

LA PETITE FILLE. J'ai encore plus peur quand je suis près de toi.

LE LOUP. C'est une idée que tu te fais.

LA PETITE FILLE. Je voudrais rentrer chez moi.

LE LOUP. Mets-toi sous la couverture.

LA PETITE FILLE. J'entends l'orage gronder de plus en plus.

LE LOUP. C'est seulement que j'ai faim.

LA PETITE FILLE. C'est cela qui fait gronder l'orage dehors que tu aies faim ?

LE LOUP. Oui.

LA PETITE FILLE. Et que voudras-tu manger alors ?

LE LOUP. Toi, ma petite fille.

LA PETITE FILLE. Je n'en ai pas envie tellement.

LE LOUP. Ce ne sont pas les enfants qui décident.

LA PETITE FILLE. Seules les bêtes vraiment monstrueuses mangent les enfants.

LE LOUP. Moi j'ai seulement faim.

LA PETITE FILLE. Je n'ai pas peur de toi.

LE LOUP. Je vais quand même te manger.

LA PETITE FILLE. Alors mange-moi, mais si tu me manges tu n'es pas ma grand-mère.

LE LOUP. Peu importe.

LA PETITE FILLE. Mon flan est meilleur.

LE LOUP. Tais-toi maintenant.

LA PETITE FILLE. Non jamais car sinon je crois que j'aurais vraiment peur.

Le loup se jette sur la petite fille et la dévore.

Noir.

L'HOMME QUI RACONTE. Et sur ces mots le loup mangea avec appétit la petite fille.
Ce qui est un peu triste mais qui est la réalité.

Pendant ce temps, la maman attendait sa petite fille et commençait à se demander ce qui pouvait bien se passer.

Le loup, lui, bien rempli de toute la grand-mère et la petite, décida d'aller dormir au moins plusieurs jours pour digérer de tels excès au fond du bois.
En chemin, il rencontra un homme qui le trouva si gros et si lent pour une bête, que l'homme prit la décision de l'assommer pour lui ouvrir le ventre et se rendre compte de ce qu'il pouvait bien y avoir à l'intérieur.
Par chance la grand-mère et la petite fille n'étaient pas encore mortes et elles purent ainsi être sauvées.
La petite fille sortit du ventre la première et aida sa grand-mère à en faire de même.
La grand-mère était un peu assommée tout comme le loup et mit du temps à se remettre de cette aventure.

Aujourd'hui la petite fille est devenue une grande femme comme sa maman et elle se souvient très bien de toute cette histoire.

Sa maman qui est vieille habite une maison qui n'est pas très loin, ce qui est plus pratique pour se voir souvent.
Quant au loup après qu'on lui a recousu le ventre et qu'on l'a laissé repartir dans les bois, il a pris la décision, de toute sa vie de ne jamais plus s'approcher des grands-mères et surtout des petites filles.
Une vraiment très très sage décision.

L'homme qui raconte s'en va.
Noir.

Fin.

POSTFACE

par Marion Boudier

Docteur en arts du spectacle et agrégée de lettres modernes, Marion Boudier est l'auteur de plusieurs articles sur le théâtre contemporain et sur l'œuvre de Joël Pommerat. Depuis 2013, elle travaille comme dramaturge avec la Compagnie Louis Brouillard. Elle est également chargée de cours à l'université et codirige la revue électronique des arts de la scène Agôn.

Sauvez les contes des mains de leurs interprètes et rendez-les à la puissance imaginative des enfants et des artistes.*

IL ÉTAIT UNE FOIS UN CONTE DANS L'ŒUVRE DE JOËL POMMERAT

Publié une première fois en 2005, dans la collection "Heyoka Jeunesse" avec des illustrations de Marjolaine Leray, *Le Petit Chaperon rouge* a d'abord été un spectacle écrit et mis en scène par Joël Pommerat et la Compagnie Louis Brouillard en 2004, au terme d'un compagnonnage avec le Théâtre Brétigny – scène conventionnée du Val d'Orge. Comme *Au monde*, créé la même année au Théâtre national de Strasbourg, *Le Petit Chaperon rouge* marque un tournant dans la reconnaissance de la compagnie et dans l'écriture de l'auteur-metteur en scène. D'une part, Joël Pommerat inscrit plus directement son théâtre dans la réalité contemporaine et dans une interrogation de nos valeurs et représentations. D'autre part, il continue d'affirmer un processus de création singulier qui part de la scène et non du texte, quand bien même il a pour inspiration un

* Hans Ritz, *Die Geschichte von Rotkäppchen. Ursprünge, Analysen, Parodien eines Märchens, 1981.* Pour une interprétation subtile et personnelle du conte, voir aussi Anne-Marie Garat, *Une faim de loup – lecture du Petit Chaperon rouge*, Arles, Actes Sud, coll. "Babel", 2004.

récit déjà existant comme dans le cas du *Petit Chaperon rouge*. Pommerat se définit comme un "écrivain de spectacle" : le texte publié n'est pas un préalable à la mise en scène, mais le résultat d'une écriture scénique (ou écriture de plateau*) élaborée pendant les répétitions en collaboration avec l'équipe artistique. Afin d'enrichir la lecture du *Petit Chaperon rouge* et d'expliquer sa dramaturgie, nous convoquerons donc le spectacle et son processus de création à certains moments de l'analyse.

La réécriture du conte fait également sortir Pommerat d'"une filière de public « averti »" et il devient en quelque sorte "populaire malgré [lui]**". En 2006, le spectacle est repris en ouverture de la soixantième édition du Festival d'Avignon où sont aussi programmés *Au monde* et *Les Marchands* (2006). Après l'une des représentations du *Petit Chaperon rouge* pendant le Festival, Peter Brook invite Joël Pommerat au Théâtre des Bouffes du Nord à Paris, où il sera artiste en résidence de 2007 à 2010. Entre l'écriture de *Je tremble (1)* en 2007 et *Je tremble (2)* en 2008, Pommerat s'attaque alors à un autre récit populaire, *Pinocchio* d'après Carlo Collodi. En 2011, après *Cercles/*

* Bien que la formule de Bruno Tackels lui serve à qualifier des démarches très diverses, on peut la reprendre en partie au sujet du travail de Pommerat dans la mesure où "le médium et la matière proviennent essentiellement du plateau, même si de nombreux éléments textuels peuvent organiquement s'y déployer, explicitement ou souterrainement. La vraie différence tient dans le fait que *le texte provient de la scène, et non du livre*" (Bruno Tackels, *François Tanguy et le Théâtre du Radeau*, Ecrivains de plateau II, 2005, p. 10).

** Joël Pommerat, entretien animé par Arnaud Meunier et Isabelle Rabineau, Comédie de Saint-Etienne, février 2013, URL : http://www.theatre-video.net/video/tmpurl_cqk6Btvz?autostart

Fictions (2010) et *Ma chambre froide* (2011, Molière de l'auteur francophone vivant et Molière des compagnies), l'auteur-metteur en scène adapte un troisième conte, *Cendrillon*. En 2013, tandis que *La Réunification des deux Corées* se joue à guichets fermés au Théâtre de l'Odéon à Paris, le texte de *Cendrillon* est inscrit au programme du baccalauréat option théâtre pour trois ans, consécration pédagogique que l'on peut interpréter comme une reconnaissance de la place centrale qu'occupent les contes dans l'œuvre si l'on se garde de les assimiler uniquement à un "théâtre jeunesse" aux usages didactiques, catégorie étrangère à la pensée du théâtre de Pommerat.

Avec *Le Petit Chaperon rouge*, *Pinocchio* et *Cendrillon*, l'auteur-metteur en scène renoue avec la tradition d'un conte adressé à tous, à rebours de sa valorisation au sein d'une littérature enfantine et moraliste depuis le XVIIIe siècle. Ces trois adaptations (l'auteur parle indistinctement de conte, mythe ou récit populaire) sont par de nombreux aspects tout à fait emblématiques d'une démarche d'écriture et de questionnements récurrents dans l'ensemble de son œuvre. Il serait donc inexact de cantonner les contes réécrits par Pommerat dans la catégorie du théâtre "jeune public". Il recourt peu lui-même à cette distinction, et il a expliqué à plusieurs reprises que s'il écrivait à partir des contes, c'était certes parce que ces histoires touchaient les enfants, mais lui aussi en tant qu'adulte :

> Je leur raconte des histoires d'enfants. Pas des histoires pour les enfants. Mais des histoires de petite fille *(Chaperon rouge)* et de petit garçon *(Pinocchio)*. Je leur parle et je leur parle d'eux [...].

> Lorsque je parle aux enfants, je ne deviens pas étranger à moi-même. Je n'imite pas, je ne copie pas leur langage. Je vais chercher ce qui, en moi, est en lien avec eux*.

Le court texte biographique publié avec *Le Petit Chaperon rouge* dans l'édition Heyoka Jeunesse afin d'en expliquer la genèse témoigne de ce souci de s'adresser aux enfants sans trahir sa propre parole d'adulte. Pommerat y situe l'origine de son projet dans une dynamique personnelle de transmission intergénérationnelle et de fondation identitaire. Il raconte qu'il a eu l'idée de réécrire cette histoire pour intéresser sa plus jeune fille à son travail, tout en étant habité par le souvenir de ce que sa propre mère lui avait raconté de son enfance à elle. Il confie avoir toujours été "fasciné par ce conte" qui se confond avec le récit et les émotions de sa mère marchant seule dans la campagne pour aller à l'école : "Cette histoire a contribué à définir aujourd'hui ce que je suis**." La réécriture, aussi documentée qu'elle puisse avoir été par la lecture de plusieurs versions du conte, relève ainsi d'une réappropriation personnelle du conteur-metteur en scène qui écrit sa version de l'histoire. Lecteurs et spectateurs y prendront sans doute d'autant plus de plaisir qu'ils possèdent déjà leurs propres connaissances et souvenirs du *Petit Chaperon rouge*, l'un des contes les plus connus et racontés, dont Charles Perrault le premier a fixé le récit (et le titre) en 1695.

* Joël Pommerat, *in* Joëlle Gayot, *Joël Pommerat, troubles*, Arles, Actes Sud, 2009, p. 116

** Voir dans *Le Petit Chaperon rouge*, Arles, Actes Sud-Papiers / CDN de Sartrouville, coll. "Heyoka Jeunesse", 2005, p. 45.

En s'emparant de ce patrimoine culturel immatériel, Pommerat affirme un art du palimpseste caractéristique de son écriture : *Au monde* a par exemple été écrit "sur le parchemin des *Trois sœurs**" de Tchekhov, *Ma chambre froide* s'inspire en partie du dédoublement de *La Bonne Ame du Se-Tchouan* de Brecht et on reconnaît dans une séquence de *Je tremble (1 et 2)* une variation autour de *La Petite Sirène* d'Andersen. Reprendre la matière collective des contes, récits d'avant la littérature qui ne cessent d'être réécrits, c'est aussi, fondamentalement, interroger la notion même d'histoire, et peut-être affirmer le besoin d'un retour à l'histoire à travers une certaine linéarité narrative et un système actantiel des personnages à l'inverse de l'éclatement (postdramatique**) d'une grande partie des productions théâtrales contemporaines. La narration, comme l'a montré Paul Ricœur, est à la fois représentation et expérience du temps humain. "Un conte, c'est une durée, celle d'un récit, et c'est un état d'être ensemble", développe Pommerat dans *Troubles*, où il affirme faire "le même travail que les conteurs d'autrefois***". Le conte devient ainsi emblématique de sa recherche d'une mise en lien par le récit et l'imaginaire dans l'ici et maintenant de la représentation. Les personnages de narrateurs dans les trois contes sont des intermédiaires essentiels de cette relation entre la scène et la salle. "L'Homme qui raconte" dans le *Petit Chaperon rouge*, "le présentateur"

* Joël Pommerat, *Théâtres en présence*, Arles, Actes Sud-Papiers, coll. "Apprendre", 2007, p. 23.

** Voir Hans-Thies Lehmann, *Le Théâtre postdramatique*, trad. Philippe-Henri Ledru, Paris, L'Arche, 2002 [1999].

*** Joël Pommerat, *Joël Pommerat, troubles*, *op. cit.*, p. 60.

dans *Pinocchio* et "la voix de la narratrice" dans *Cendrillon* reprennent des embrayeurs types du conte et de son adresse orale : "Il était une fois une petite fille", "Mesdames messieurs, bonsoir, je vous souhaite la bienvenue. L'histoire que je vais vous raconter ici ce soir est une histoire extraordinaire*", "Je vais vous raconter une histoire d'il y a très longtemps**."

A la fin du *Petit Chaperon rouge*, le narrateur fait se rejoindre temps de l'histoire et présent de la représentation : "Aujourd'hui la petite fille est devenue une grande femme comme sa maman et elle se souvient très bien de toute cette histoire" (p. 41). On imagine qu'elle racontera à son tour cette histoire qui "a contribué à définir aujourd'hui ce qu'[elle est]"... Sans doute la petite fille devenue mère transmettra-t-elle cette histoire à ses enfants, comme les lecteurs et spectateurs aux leurs. Le présent de la fin du conte ouvre vers d'autres "il était une fois...". Mais ce qui retient également l'attention dans cette fin du conte, c'est l'enseignement que semble avoir tiré la jeune femme de son aventure : loin de la clausule de Perrault sur les dangers de la séduction, cette morale implicite et non prédictive est formulée par le narrateur sous la forme d'un constat pragmatique sur la nécessité de vivre "pas très loin, ce qui est plus pratique pour se voir souvent". Tout en reprenant les grandes étapes du conte, Pommerat en fait une réécriture très contemporaine en mettant en scène une mère seule et débordée,

* Joël Pommerat, *Pinocchio*, Arles, Actes Sud-Papiers / CDN de Sartrouville, coll. "Heyoka Jeunesse", 2008, p. 7. En spectacle, l'interprétation du présentateur est plus inquiétante qu'engageante.
** Joël Pommerat, *Cendrillon*, Arles, Actes Sud, coll. "Babel", 2013, p. 9.

une grand-mère tout aussi seule mais délaissée, et une enfant moderne qui réfléchit et qui argumente face au loup sur son chemin pour devenir une jeune femme consciente de sa place et de son rôle dans la succession des générations.

Photo n° 1 (Isabelle Rivoal, Murielle Martinelli)

LE LOUP EST AU CENTRE D'UNE HISTOIRE QUI LE DÉPASSE

Pommerat place la question du lien entre les générations au centre de sa réécriture du *Petit Chaperon rouge* en développant les relations entre les trois femmes. La manière même de nommer les personnages souligne l'importance de cette transmission : "la maman de la maman de la petite fille", formulation qui rappelle aussi la façon dont les enfants désignent parfois leurs proches. Nourri de la lecture des essais du philosophe et anthropologue

François Flahault, selon qui les contes révèlent une sorte d'économie fondamentale des relations humaines en présentant l'identité comme relationnelle et évolutive à l'inverse d'une pensée de l'individu-substance*, Pommerat questionne dans ce conte comme dans toutes ses pièces ce qui anime et constitue les individus. Il met en scène l'impossibilité d'être soi sans les autres, le rôle de la transmission intergénérationnelle et celui de la relation intersubjective**, l'enjeu qu'est pour chacun individuellement et collectivement la coexistence. C'est d'une part cette entente que menace le loup dans *Le Petit Chaperon rouge* : "puissance d'effraction qui transgresse trois limites fondatrices de la coexistence***", comme l'écrit Flahault, il pénètre indûment chez la grand-mère, usurpe son identité et brouille les limites corporelles entre l'homme et l'animal, le féminin et le masculin, de même qu'il abolit l'échange consenti (échange de biens

* Voir notamment de François Flahault : *La Pensée des contes,* Paris, Anthropos, Economica, coll. "Psychanalyse", 2001 ; *Le Sentiment d'exister. Ce soi qui ne va pas de soi*, Paris, Descartes & Cie, 2006 ; *Be Yourself! Au-delà de la conception occidentale de l'individu*, Paris, Editions Mille et une nuits, octobre 2006 ; *Le Paradoxe de Robinson. Capitalisme et société,* Editions Mille et une nuits, coll. "Les petits libres", n° 59, 2005.

** Voir par exemple les propos de "l'homme le plus riche du monde" dans *Je tremble (1 et 2)* (Arles, Actes Sud-Papiers, 2009, p. 21) : "Aujourd'hui dans ce monde nous en sommes venus à penser que nous n'existons que par rapport aux choses qui nous environnent, alors qu'en fait nous n'existons que par les personnes qui nous entourent [...] Nous sommes des fils et sommes liés les uns avec les autres / nous formons un grand tissu, / vous ne trouvez pas ?"

*** François Flahault, *La Pensée des contes*, *op. cit.*, p. 67.

de consommation, galette ou flan, ou échange sexuel à un autre niveau interprétatif). D'autre part, le loup est "au centre d'une histoire qui le dépasse", comme l'explique Pommerat :

> [L'histoire] de trois femmes, unies par un sentiment très fort, qui sont (ou seront) amenées à prendre chacune la place de l'autre, dans un mélange de désir et de peur. Sans que cette question, ce problème, ne soit jamais abordé directement par les personnages, c'est bien cela, je crois, qui rend cette petite histoire si envoûtante pour les enfants et pour les adultes*.

Clin d'œil de l'auteur en forme d'ironie tragique, c'est dans un dialogue avec ce loup déguisé en grand-mère qu'est indirectement formulé l'enjeu de cet échange des places dans la famille : "Quand elle était petite fille aussi et que tu étais déjà sa maman [...] Quand je serai grande moi" (p. 34)...

Ce passage d'une génération à l'autre est habilement porté par la distribution du spectacle : la même comédienne interprète la petite fille et la grand-mère tandis que la comédienne qui joue la mère tient à la fin le rôle de la petite fille devenue adulte. Cette double répartition des rôles n'apparaît pas dans la liste des personnages au début de la pièce, pourtant elle rend manifeste l'un des contenus latents du conte, le fait que, en grandissant, la génération la plus jeune pousse celle qui la précède dans la tombe pour prendre sa place (passage que littéralise le

* Joël Pommerat, *Le Petit Chaperon rouge*, dossier de presse du Théâtre de l'Est parisien (TEP), Paris, 2005.

repas cannibale proposé par le loup à la petite fille dans certaines versions orales du conte)*. Bien plus qu'une simple solution économique pour réduire le nombre d'acteurs, la distribution joue aussi de la proximité et de l'ambivalence des personnages : une enfant et une grand-mère toutes les deux seules et recluses dans leurs maisons, une mère aussi séduisante et effrayante que le loup (joué par la même comédienne), à l'amour protecteur et dévorateur à la fois. A court de temps pour s'occuper de sa fille, la mère est en partie déshumanisée dès le début du spectacle par une dissociation entre sa gestuelle et le bruit de ses pas. Puis, sur des sons de hurlements et quatre accords stridents, elle lève les bras et se cabre avec une grâce effrayante pour faire "la bête monstrueuse", "vraiment belle même quand elle devenait une bête" (p. 13, photo n° 1). L'ombre apparaît en contrepoint complémentaire du personnage complexe de cette mère, tellement occupée que son enfant lui devient "invisible" (p. 12) et qu'elle pourrait être "déjà en train d'oublier sa petite fille" à peine celle-ci sortie de la maison (p. 20) : "Une ombre très belle qui ressemblait par chance un peu

* Le loup déguisé en grand-mère propose au Petit Chaperon rouge de manger quelques restes, ceux de son aïeule ; l'enfant est parfois alertée de la nature cannibale de ce repas par un animal. Voir les analyses de l'ethnologue Yvonne Verdier, "Grands-mères, si vous saviez... : *Le Petit Chaperon rouge* dans la tradition orale" (1978), citées par Pierre Erny, in *Sur les traces du Petit Chaperon rouge. Un itinéraire dans la forêt des contes*, Paris, L'Harmattan, 2003. Voir aussi pour les différentes versions et interprétations du *Petit Chaperon rouge* le site de la BNF consacré aux contes de fées, URL : http://expositions.bnf.fr/contes/gros/chaperon/index.htm

à sa maman" et avec laquelle la fillette "pouvait se sentir encore un peu en sécurité" (p. 19).

Photo n° 2 (Murielle Martinelli)

LE DÉSIR ET LA PEUR

Pommerat laisse de côté les éléments scatologiques, anthropologiques et explicitement sexuels que l'on trouve dans certaines versions populaires de "la petite fille et le loup". Il reprend les grandes étapes du conte (le trajet d'une maison à l'autre en passant par la forêt, la rencontre avec le loup, les deux chemins, les deux arrivées chez la grand-mère, l'ouverture de sa porte, les deux dévorations) qui donnent lieu à un jeu de citations et de variations par déplacement ou inversion des motifs. Passée l'accroche attendue du "Il était une fois une petite fille", l'auteur-metteur en scène invente une sorte de prologue dans lequel il inverse la situation initiale : l'enfant n'est pas envoyée dehors par sa mère*, au contraire, elle n'a "pas le droit de sortir" (p. 11). La fillette s'ennuie toute seule, prisonnière dans sa maison alors que le monde défile "devant la porte" (p. 13) : c'est le désir de l'enfant "qui voulait toujours aller voir sa grand-mère" (p. 17) qui devient le moteur de l'action. Le Petit Chaperon n'est plus une fillette passive, elle n'est pas non plus coiffée de rouge ; dans le spectacle, cette couleur n'apparaît qu'à la fin lorsqu'elle est devenue "une grande femme comme sa maman" (p. 41).

Le désir de la fillette bute sur le refus de sa mère, qui la trouve "vraiment pas grande du tout" pour sortir et pratique en conséquence une sorte de pédagogie de la peur à travers le jeu dissuasif de la "bête monstrueuse". Pourtant cette maman n'hésite pas à sortir en la laissant toute seule (*topos* de l'enfant resté seul et attaqué comme dans *Le Loup et les Sept Chevreaux*), signe que le chemin à parcourir dehors représente bien plus qu'un simple déplacement géographique : sortir, c'est grandir. Continuer à avancer sur le chemin, c'est devenir "déjà un peu femme" (p. 20), vaincre ses peurs et affirmer son désir. De ce point de vue, rester seule à la maison constitue une première étape sur ce chemin initiatique, puisque la fillette, qui a "peur de sa

* "Tu vas porter une époigne toute chaude et une bouteille de lait à ta grand *(sic)*" dans la version nivernaise collectée par Paul Delarue et Marie-Louise Ténèze, *Le Conte populaire français*, t. 1 ; "Va voir comme se porte ta grand-mère" dans *Histoires ou contes du temps passé, avec des moralités (Contes de ma mère l'Oye)* de Perrault (1697) ; "Voici un morceau de gâteau et une bouteille de vin que tu apporteras à ta grand-mère" dans *Contes des enfants et du foyer* (1812) des frères Grimm.

maman" quand elle joue à la bête, éprouve une autre expérience de la peur, "peur pour sa mère" et pour elle finalement (p. 13). Dans le début du texte se met en place une relation imaginaire à la peur que la rencontre avec le loup concrétisera : "Elle se demandait si elle aurait vraiment peur le jour où elle rencontrerait sa première véritable bête véritablement monstrueuse." (p. 17) Cette peur imaginaire rejoint celle que procure le théâtre, "lieu de simulacre où [...] on joue à éprouver ce que c'est, *vraiment*, souffrir*" comme le définit Pommerat dans *Troubles*. Elle met aussi en abîme l'une des fonctions fondamentales du conte qui réactualise, "reprend et prolonge au niveau de l'imaginaire [...] une réalité terriblement sérieuse : l'initiation, c'est-à-dire le passage, par le truchement d'une mort et d'une résurrection symboliques, de la nescience et de l'immaturité à l'âge spirituel de l'adulte**" selon Mircea Eliade.

Sortir de la maison, c'est entrer dans le concret, confronter un réel imaginaire à la réalité véritable, voir sa grand-mère au lieu de "pens[er] souvent" à elle (p. 15), parler avec un loup qui ne ressemble "en rien à la bête monstrueuse qu'elle s'attendait à rencontrer dans les bois" (p. 22). Avant cela, il lui faut accomplir une épreuve : fabriquer un gâteau ou un flan, puisque visiblement sa mère n'a pas le temps de cuisiner des galettes. Dans le spectacle, le bruitage de cette scène souligne l'ampleur du défi pour la fillette en substituant aux bruits des ustensiles culinaires celui de gros travaux puis une mélodie d'opéra lorsque le plat est finalement

* Joël Pommerat, in *Joël Pommerat, troubles*, *op. cit.*, p. 65.
** Mircea Eliade, *Aspects du mythe*, Paris, Gallimard, coll. "Folio essais", 2011 [1963], p. 247.

réussi. Conforme à l'économie et à la rapidité narrative des contes, cette épreuve réussie interrompt "un jour" (p. 17) l'ennui et la répétition ("toujours", "certains jours", "des fois", "souvent", "pratiquement toujours") pour déboucher immédiatement, "le lendemain matin", sur "le jour enfin" du départ (p. 18). Sur le chemin commence alors une autre expérience de la solitude et de la peur (p. 55, photo n° 2). Aux intermittences de la crainte de la fillette, qui imagine à la fois qu'elle est oubliée par sa mère, mais aussi que sa grand-mère la trouvera "une très grande fille", répond une première rencontre avec son ombre, présence elle aussi intermittente. A la différence du personnage du conte d'Andersen *(L'Ombre)*, cette ombre est maternelle et protectrice et son apparition donne lieu dans le spectacle à un beau moment de danse dans une lumière tamisée par les feuillages. Cette première rencontre, à qui est déléguée une parole de mise en garde ("si tu vas dans le bois sous les grands arbres où il fait sombre...", p. 20), annonce les dangers du jeu et du détour hors du chemin : manœuvre dilatoire du récit qui intensifie notre attente de la rencontre avec le loup.

Ce loup est perçu comme une "très belle chose" attirante (photo n° 3), et les questions ingénues de la fillette dessinent le portrait d'un loup solitaire, aussi seul qu'elle-même et sa grand-mère. Un instant, on les imagine tous les trois devenir amis, bien que l'appétit du loup s'oppose viscéralement à cette coexistence. Seul comme la fillette et la grand-mère, le loup est également aussi effrayant et beau à la fois que la mère quand elle joue à la bête. Dans cette superposition de ressemblances, l'identité de l'animal se trouble. Entre la mère et le loup, Pommerat révèle l'ambivalence du bien et du mal, questionne le brouillage des valeurs dans les comportements individuels et les pièges des apparences ou perceptions du réel. Interrogation morale sans morale, qui pose plus de questions qu'elle ne donne de réponses, préserve l'ouverture du conte et ses différents niveaux d'interprétation, avec beaucoup d'humour de surcroît.

Photo n° 3 (Isabelle Rivoal, Murielle Martinelli)

Le dialogue avec le loup inverse par exemple les questions attendues, puisque c'est la fillette qui lui demande s'il a faim et quel chemin il veut prendre. L'échange est à l'initiative du Petit Chaperon rouge et se déroule comme une rencontre entre égaux, comme le soulignent les reprises lexicales "moi non plus", "toi aussi" (p. 22-23). Cette scène est aussi une scène de séduction, et comme toute grande scène de rencontre amoureuse, elle commence par le regard : "deux grands yeux" dont elle a "tout de suite envie de s'approcher" (p. 21). A ce stade du récit, la vraie peur est finalement moins effrayante que les peurs imaginaires (peur de ce qui arriverait si sa mère ne rentrait pas, peur d'être oubliée par sa maman, peur de sa maman qui joue à la "bête monstrueuse", interrogation sur la "véritable bête véritablement monstrueuse"). Pour le spectateur, la peur devient même tout à fait inoffensive et comique lorsque le loup jouant à la fillette fait croire à la grand-mère qu'il a "fait peur à maman" avec sa grosse voix enrhumée (p. 30) ! L'incapacité du loup à ouvrir la porte en dépit de l'absence de chevillette et de bobinette puis l'aveuglement de la grand-mère tirent la première dévoration vers le rire. Dans le spectacle, la tension monte d'un coup avec les bruits terrifiants qui peuplent le noir de fin de scène (p. 32) ; dans le texte, elle est marquée par une didascalie qui indique qu'à peine entrée chez la grand-mère, la fillette est "effrayée" (p. 32). Le dialogue avec le loup débute *in medias res* dans une intensité qui diffère tout à fait de celle d'une scène de retrouvailles. L'enfant a d'ailleurs envie d'ouvrir la porte (soi-disant pour aérer une odeur de renfermé) et dans la salle quelques enfants lui crieront peut-être de s'enfuir. L'impatience du loup face au questionnement devenu quasi adolescent de la fillette sur sa relation à sa mère attise parallèlement l'impatience du lecteur-spectateur et continue de faire monter progressivement la tension. Elle est effrayée et bavarde, comme si la parole pouvait conjurer le sort, faire surgir un autre récit dans lequel la petite fille ne serait pas dévorée mais deviendrait simplement une "femme jeune et surtout belle et c'est tout" (p. 36)… Les répliques sont de plus en plus brèves et il suffit que la petite fille fasse remarquer à sa grand-mère qu'elle a "un peu des poils partout sur le corps" (p. 37) pour qu'intérieurement nous déroulions le fameux dialogue que Pommerat n'a pas besoin de réécrire, préférant représenter une fille qui, malgré l'effroi, argumente et raisonne ("si tu me manges tu n'es pas ma grand-mère", p. 38) parce qu'elle ne veut plus être une enfant (*infans*, celui qui ne parle pas). La modernité du personnage passe par ce bavardage intelligent et actif. Chaque mot du Petit Chaperon rouge est un rempart contre la peur et une affirmation de soi, de son indépendance face au désir de l'autre : "Tais-toi maintenant / Non jamais car sinon je crois que j'aurais vraiment peur" (p. 38-39). Mais ce loup, qui parle lui aussi, transgresse le langage comme il réduit l'autre à son propre désir "et sur ces mots", malgré ces mots, la fillette est dévorée.

Comme avec le chasseur des frères Grimm (sans doute inspiré de la fin du *Loup et des sept chevreaux*), la fillette et sa grand-mère sont finalement sorties saines et sauves du ventre du loup. Mais chez Pommerat, cet "homme" à l'identité inconnue laisse au loup la vie sauve. Ce changement éthique engendre un déplacement de la moralité vers l'animal, qui tire une leçon de son aventure et prend la décision "de ne jamais plus s'approcher des grands-mères et surtout des petites filles" (p. 41). Ce dernier clin d'œil à l'historicité de la morale adressée par Perrault aux jeunes filles inverse le rapport entre danger et victime : si le loup prend la place du Petit Chaperon rouge en se faisant passer pour elle, il peut à son tour perdre la sienne.

"L'HOMME QUI RACONTE" : RÉCIT, IMAGE, IMAGINATION

Dans *Le Petit Chaperon rouge* comme dans ses deux autres contes, Pommerat réactive la situation du contage en mettant en scène un personnage de conteur. A la différence des narrateurs de *Pinocchio* et de *Cendrillon*, "L'Homme qui raconte" ne s'exprime pas à la première personne : narrateur extradiégétique, il raconte l'histoire au passé dans un style descriptif, recourant à toute la palette des discours rapportés (discours direct avec incise, discours indirect libre) et à des tournures impersonnelles ("on ne sait pas ce qui arriverait", p. 13, "il paraît que la maman de la maman de la petite fille", p. 14) qui lui donnent une certaine objectivité ou neutralité de point de vue. Il n'est pas omniscient et nous, lecteurs-spectateurs qui connaissons l'histoire et ses personnages, pouvons mentalement le remettre en question. La présence de ce narrateur ouvre également plusieurs pistes interprétatives en interrogeant silencieusement l'absence d'homme (mari et père) dans l'histoire.

Dans les trois contes, les narrateurs déplacent la représentation traditionnelle du conteur bonimenteur : présences ou voix énigmatique, ils activent de manière originale la réception du spectateur en le surprenant, en l'inquiétant ou en l'appelant à imaginer pour comprendre. Dans *Le Petit Chaperon rouge*, la première apparition du narrateur, vêtu d'un grand costume noir et le visage barbu, provoque souvent un cri d'effroi chez les plus jeunes. Son ton monocorde et froid, dénué de toute captation bienveillante, instaure une écoute inquiète et curieuse ; à la manière du loup, il fait peur et séduit à la fois. De même que l'annonce le présentateur au début de *Je tremble (1 et 2)*, on sent que cet étrange conteur sera capable de nous faire "trembler, de joie, et pleurer, de rire, ensemble*". L'étrangeté du narrateur fonctionne

* Joël Pommerat, *Je tremble (1 et 2)*, *op. cit.*, p. 6.

d'autant mieux qu'elle est inquiétante au sens freudien *(unheimlich)*, c'est-à-dire ancrée dans du familier : sa parole est simple et se construit avec certains éléments rhétoriques typiques et rassurants, comme la répétition par exemple qui rapproche à certains moments le contage de la comptine. Répétitions et anaphores donnent aussi son style propre au récit, qui progresse par reformulation et accumulation (épanorthose), qui se précise à mesure, à travers des reprises et l'ajout de détails, qui se déroule tout en se ressaisissant sans cesse (notamment à travers la figure stylistique du chiasme*). Est ainsi ménagé pour l'auditeur un équilibre entre récapitulation et relance du suspense, compréhension et curiosité.

La prise en charge du récit par un narrateur, qui introduit et/ou commente l'action en s'adressant au public, évoque également le théâtre épique, bien que le conteur aspire à stimuler une immersion imaginaire plus qu'une distanciation critique. L'épicisation de la forme dramatique à travers le récit de "L'Homme qui raconte" a pour conséquence dramaturgique une alternance entre narration et dialogues et invite au niveau scénique à élaborer une interaction entre le récit et des saynètes muettes plus ou moins illustratives. D'une part, Pommerat développe une forme de théâtre-récit qui ne recourt au dialogue

* "la petite fille / était prête à partir chez sa grand-mère / partir toute seule / faire le chemin toute seule pour se rendre chez sa grand-mère" : la reprise-précision "partir toute seule" est le centre de ce chiasme (schématiquement ABBA : "grand-mère" "toute seule" "toute seule" "grand-mère"), construction elle-même incluse à l'échelle du paragraphe dans un autre chiasme entre "le lendemain matin" et "c'était le jour enfin", p. 18.

que lorsque cela est “absolument nécessaire”, lorsque les personnages ont des “choses essentielles à se dire*”. C’est le cas des scènes avec le loup : la rencontre exige le présent du dialogue dramatique. Tout ce qui préside au face-à-face (scène d’exposition, contexte) est pris en charge par le récit du conteur. Ce récit résout la question du monologue intérieur : nul besoin de recourir à la convention artificielle du soliloque pour transmettre au spectateur les pensées de la petite fille. L’absence de dialogue correspond également à la relation silencieuse qu’entretiennent la petite fille et sa mère avec la grand-mère : “Elles ne se parlaient pas mais elles aimaient bien rester ensemble / à ne rien se dire [...] / [C]omme la maman de sa maman était trop fatiguée à cause de sa vieillesse / elle ne lui répondait pas toujours [...]” (p. 14-15). D’autre part, le recours au récit implique un travail particulier sur la relation entre la parole et l’image scénique qui peut évoquer la collaboration entre le texte et l’illustration dans les livres de contes. A la lecture de la pièce on est conduit à se demander que représenter et s’il faut représenter quelque chose en même temps qu’est énoncé le récit.

L’adaptation théâtrale du *Petit Chaperon rouge* élaborée par Pommerat soulève, par certains aspects, les mêmes questions que la transcription écrite des contes. Comme l’a notamment analysé Nicole Belmont**, l’espace mental de la réception est essentiel et constitutif

* Joël Pommerat, entretien avec Jean-François Perrier, Festival d’Avignon, juillet 2006.

** Nicole Belmont, *Poétique du conte : essai sur le conte de tradition orale*, Paris, Gallimard, 1999.

de la forme narrative du conte : tout en écoutant le récit, les auditeurs d'un conte transforment les images "parlées" qu'ils reçoivent en images mentales, travail imaginaire en partie entravé par la lecture. Les illustrations des livres de contes tentent d'aider et de compléter ce processus inconscient, au risque de substituer des images figuratives aux images que chaque récepteur élabore librement selon son propre imaginaire. Pommerat est particulièrement attentif à cette scène mentale du spectateur et c'est en référence à ce travail de la réception qu'il explique une partie de ses choix esthétiques. Avec l'éclairagiste Eric Soyer, il travaille notamment sur des intensités lumineuses très basses et sur la pénombre afin de proposer au spectateur le même type de rapport que celui qu'on entretient avec les personnages d'un livre à la lecture, représentation qui est pour lui "la plus authentique qui soit" :

> On me demande parfois pourquoi il y a aussi peu de lumière dans mes spectacles. Comme possible réponse, je pense à la déception qu'on a lorsque le personnage d'un roman qu'on a aimé est représenté dans un film adapté de ce roman. [...] Différents éléments se superposaient dans notre esprit pour composer un être, à la fois vrai et multiforme. Ce visage, ce corps, la personnalité de cet être avaient cependant la juste complexité des choses et de la relation que nous entretenons avec la réalité, c'est-à-dire floue, ambiguë*.

* Joël Pommerat, *Théâtres en présence*, *op. cit.*, p. 31-32.

La pénombre conjuguée dans *Le Petit Chaperon rouge* à un important travail sur l'environnement sonore permet à l'image d'exister au-delà de la simple concrétisation figurative du texte. Réalisé sans systématisme, le dialogue entre récit et saynètes muettes ne verrouille pas l'imaginaire, auquel il propose en quelque sorte des esquisses, des amorces d'images sur un plateau dépouillé de tout décor. Le narrateur est le plus souvent debout au bord du plateau (photo n° 4) de même que le texte encadre ou jouxte l'illustration dans un livre. Mais l'homme évolue aussi à certains moments entre les personnages, dans l'image, présence-absence dont la parole semble déclencher l'action scénique autant qu'elle la décrit. Dans *Le Petit Chaperon rouge*, récit et saynètes muettes sont deux manières de raconter l'histoire qui se complètent et se soutiennent mutuellement. Deux ans plus tard, dans *Les Marchands* (2006), Pommerat a poussé plus loin cette dissociation en créant une tension entre le récit et l'image : l'éloge du travail que développe la voix off de la narratrice est mis à distance et critiqué par la présence en scène de son corps meurtri par le travail à la chaîne. Dans les deux cas, la très forte complémentarité entre la parole et les actions scéniques, fondée sur leur tempo réciproque, s'explique en grande partie par le fait que texte et mise en scène ont été écrits conjointement pendant les répétitions.

DU CONTE AU SPECTACLE, DU SPECTACLE AU TEXTE

Comme nous l'avons évoqué au début de notre commentaire, cette réécriture du *Petit Chaperon rouge*, fruit d'une transposition théâtrale nourrie de souvenirs et motivations personnelles ainsi que de questionnements anthropologiques sur la construction individuelle, le désir et la peur, est aussi le résultat d'une recherche de plateau menée par Pommerat avec l'équipe de la Compagnie Louis Brouillard. Connaître le processus d'écriture et le dispositif élaboré par Pommerat pour son spectacle enrichit l'analyse de la pièce, qui en porte des traces tout en restant ouverte à l'interprétation de futurs metteurs en scène.

Photo n° 4 (Isabelle Rivoal, Murielle Martinelli, Ludovic Molière)

Pommerat a travaillé pour *Le Petit Chaperon rouge* de la même façon que pour ses autres spectacles : "Je crois que les enfants ont le droit qu'on ne change pas de façon de faire et d'envisager le théâtre pour eux", affirmait-il au moment de la création :

> Au niveau de la forme de mes spectacles (la façon d'envisager le jeu des acteurs, le rapport de la lumière, du son et de l'espace) et même de l'exigence que nous mettons

> dans notre travail, comédiens et techniciens, je suis à peu près sûr qu'il n'y a pas de différence à rechercher entre les différents publics*.

Pommerat ne dissocie pas l'écriture textuelle de l'écriture scénique : il commence les répétitions sans avoir préalablement écrit la pièce et développe conjointement le texte et sa mise en scène au jour le jour, dans un va-et-vient entre l'écriture en solitaire et le travail de plateau, en collaboration avec les acteurs et l'équipe artistique (scénographe, éclairagiste, costumière, compositeur sonore, etc.). Pour pouvoir avancer dans la création du *Petit Chaperon rouge*, un long moment a par exemple été consacré à la recherche de la vérité du loup** et à l'expérimentation sonore avec François et Grégoire Leymarie pour les bruitages, le traitement des voix et la synchronisation des play-back (la voix du loup, les gestes devant la porte de la grand-mère). Pommerat dit que les acteurs font "partie du poème" : "Les mots sont là pour faire exister ces êtres-là et ces corps-là***." Le personnage porte donc la trace de l'acteur qui l'a créé. Ainsi Saadia Bentaïeb, pour qui il venait d'écrire le rôle de la plus jeune sœur dans *Au monde* et qui avait joué deux ans auparavant une femme âgée dans *Grâce à mes yeux*, devient presque

* Joël Pommerat, *Le Petit Chaperon rouge*, dossier de presse du TEP, *op. cit.*

** Marguerite Bordat a conçu le masque du loup, d'une beauté réaliste, que l'on retrouve ensuite dans les masques réalisés par Isabelle Deffin pour l'âne dans *Pinocchio* et ceux des animaux du spectacle d'Estelle dans *Ma chambre froide*.

*** Joël Pommerat, *Théâtres en présence*, *op. cit.*, p. 8.

naturellement l'enfant et la grand-mère, son physique et sa présence singulière lui permettant de passer d'un âge à l'autre grâce à un simple changement de rythme, de posture, et à une minime variation de costume. On peut se demander si la proximité entre les personnages de la petite fille et de la grand-mère que nous avons déjà mentionnée ne vient donc pas du fait que la même actrice interprétait les deux rôles. Cependant, d'autres acteurs de la Compagnie Louis Brouillard ont ensuite joué en alternance *Le Petit Chaperon rouge**, ce qui souligne que même écrit en s'appuyant sur un acteur, le personnage fonctionne finalement de manière autonome par rapport à la présence qui l'a inspiré**. La scène infléchit le texte, mais celui-ci existe ensuite indépendamment de ses conditions d'écriture. Le texte publié n'est en aucun cas une sténographie du spectacle et on peut aussi tout à fait l'appréhender sans passer par la scène bien qu'il la porte en lui.

"Le texte, c'est la trace que laisse le spectacle sur du papier***", écrit Pommerat dans *Troubles*. Il est l'élément qui perdure après le spectacle, trace nécessairement incomplète. Plus précisément, on peut donc avancer que le texte n'est pas une trace de la mise en scène, mais qu'il

* Créé en 2004 avec Saadia Bentaïeb, Lionel Codino et Florence Perrin, le spectacle a beaucoup tourné avec Ludovic Molière, Valérie Vinci, Isabelle Rivoal, puis en alternance avec Rodolphe Martin et Murielle Martinelli. En 2014, pour ses dix ans, *Le Petit Chaperon rouge* dépassera les huit cent cinquante représentations.

** L'apparition en scène du jeune et blond Rodolphe Martin est par exemple moins impressionnante que celle de Lionel Codino qui a créé le rôle, mais c'est par le style même du récit, objectif et répétitif, qu'il atteint lui aussi une forme d'étrangeté inquiétante.

*** Joël Pommerat, in *Joël Pommerat, troubles*, *op. cit.*, p. 19.

porte en lui des traces de celle-ci. L'interaction entre le récit et l'image scénique mise à l'œuvre par Pommerat dans son spectacle n'apparaît pas explicitement à la lecture de la pièce, qui ne comporte aucune indication sur la pantomime des actrices. Mais certains détails descriptifs dans le récit du conteur témoignent de cette interaction ; à la lecture, ils fonctionnent comme des didascalies internes : la fillette entend "ses pas résonner", l'ombre a des "mouvements de plus en plus inattendus", l'anaphore "elle s'approcha encore" lors de la rencontre avec le loup indique le rythme d'un déplacement (p. 19-22). Dans les parties dialoguées, des didascalies précisent des registres de jeu pour l'acteur. Dans le dernier dialogue avec le loup, elles sont essentielles, car la tension vient de la scène, de la situation plus que du texte, et sans ces indications scéniques ("impatient", "de plus en plus effrayée"), on ne percevrait pas le décalage, qui précisément produit du jeu, entre l'apparente tranquillité du bavardage de l'enfant et son état émotionnel véritable : "Alors oui j'arrive / *La Petite fille se lève mais ne bouge pas*" (p. 34).

Pour le travail dramaturgique d'analyse du texte en vue d'une création scénique, savoir que sa dramaturgie (au sens classique d'écriture, composition*) est l'aboutissement d'une recherche de plateau peut rendre plus sensible à certaines caractéristiques du texte et à sa théâtralité. Parce qu'il est inscrit dans une longue tradition

* Sur les définitions et pratiques contemporaines de la dramaturgie, voir *De quoi la dramaturgie est-elle le nom ?*, Marion Boudier, Alice Carré, Sylvain Diaz et Barbara Métais-Chastanier, Paris, L'Harmattan, coll. "Univers théâtral", 2014.

de réécriture et de réappropriation, on peut formuler l'hypothèse, et le souhait, que le conte démentira cette règle non écrite du théâtre contemporain selon laquelle les pièces des auteurs qui créent leurs propres œuvres ne sont pas montées par d'autres metteurs en scène. *Le Petit Chaperon rouge* de Pommerat possède une indéniable autonomie littéraire, d'une grande qualité de style au demeurant. Il est en même temps chargé d'une intense théâtralité dont l'efficacité est en quelque sorte garantie, puisque le texte est le résultat d'un spectacle. Il contient donc aussi la promesse d'autres passages à la scène, nouveaux palimpsestes spectaculaires d'une œuvre en constante réinvention.

Le spectacle *Le Petit Chaperon rouge* a été créé le 10 juin 2004 au Théâtre Brétigny – Scène conventionnée du Val d'Orge (direction Dominique Goudal).

Une création théâtrale de Joël Pommerat

Assistant à la mise en scène : Philippe Carbonneaux
Assistante à la mise en scène à la création : Hélène Ducharne
Scénographie et costumes : Marguerite Bordat
Scénographie et lumière : Eric Soyer
Suivi de la réalisation scénographique : Thomas Ramon
Recherche son : Grégoire Leymarie, François Leymarie
Recherche sonore : Bruno Hocquard
Aide à la documentation : Evelyne Pommerat
Direction technique : Emmanuel Abate

Créé en 2004 avec les comédiens Saadia Bentaïeb, Lionel Codino et Florence Perrin, le spectacle a ensuite beaucoup tourné avec Ludovic Molière, Valérie Vinci, Isabelle Rivoal, Murielle Martinelli et Rodolphe Martin.

Lors de ces tournées, la régie son a été assurée successivement par Grégoire Leymarie, Yann Priest, Valérie Bajcsa, Antoine Bourgain, Grégoire Chomel. La régie lumière par Julie Martin, Jean-Gabriel Valot, Renaud Fouquet, Cyril Cottet, Philippe Bernard.

Production : Compagnie Louis Brouillard
Coproduction : Centre dramatique régional de Tours, Théâtre Brétigny – Scène conventionnée du Val d'Orge, avec le soutien de la région Haute-Normandie

DU MÊME AUTEUR

PIÈCES

Pôles suivi de *Grâce à mes yeux*, Actes Sud-Papiers, 2003.

Au monde suivi de *Mon ami*, Actes Sud-Papiers, 2004.

D'une seule main suivi de *Cet enfant*, Actes Sud-Papiers, 2005.

Le Petit Chaperon rouge, Actes Sud-Papiers, coll. "Heyoka Jeunesse", 2005.

Les Marchands, Actes Sud-Papiers, 2006.

Je tremble (1), Actes Sud-Papiers, 2007 (épuisé).

Pinocchio, Actes Sud-Papiers/CDN de Sartrouville, coll. "Heyoka Jeunesse", 2008.

Je tremble (1 et 2), Actes Sud-Papiers, 2009.

Cercles/Fictions, Actes Sud-Papiers, 2010.

Cet enfant, Actes Sud-Papiers, 2010.

Ma chambre froide, Actes Sud-Papiers, 2011.

Cendrillon, Actes Sud-Papiers, coll. "Heyoka Jeunesse", 2012 ; Babel nº 1182.

La Grande et Fabuleuse Histoire du commerce, Actes Sud-Papiers, 2012.

La Réunification des deux Corées, Actes Sud-Papiers, 2013.

ESSAI

Théâtres en présence, Actes Sud-Papiers, coll. "Apprendre", nº 26, 2007.

BEAU LIVRE

Joël Pommerat, troubles, avec Joëlle Gayot, Actes Sud, 2009.

EN VERSION NUMÉRIQUE

Cercles/Fictions, 2012.

La Grande et Fabuleuse Histoire du commerce, 2012.

Cendrillon, 2013.

Pinocchio, 2013.

Au monde, 2013.

BABEL

Extrait du catalogue

1201. RUSSELL BANKS
Lointain souvenir de la peau

1202. CLARO
CosmoZ

1203. DAVID VAN REYBROUCK
Le Fléau

1204. ALAIN CLAUDE SULZER
Une autre époque

1205. ELIAS KHOURY
Yalo

1206. JULI ZEH
L'Ultime Question

1207. RAPHAËL JERUSALMY
Sauver Mozart

1208. DON DELILLO
Point Oméga

1209. FERNANDO MARÍAS
L'Enfant des colonels

1210. CLAUDE LORIUS ET LAURENT CARPENTIER
Voyage dans l'Anthropocène

1211. ROLAND GORI
La Dignité de penser

1212. JEREMY RIFKIN
La Troisième Révolution industrielle

1213. JEAN-LOUIS GOURAUD
Le Pérégrin émerveillé

1214. OLIVIER ASSOULY
Les Nourritures divines

1215. YÔKO OGAWA
La Mer

1216. KHALIL GIBRAN
Les Ailes brisées

1217. YU HUA
La Chine en dix mots

1218. IMRE KERTÉSZ
Dossier K.

1219. VÉRONIQUE MORTAIGNE
Cesaria Evora

1220. SHABESTARÎ
La Roseraie du Mystère

1221. JUNAYD
Enseignement spirituel

1222. CAROLE ZALBERG
Mort et vie de Lili Riviera

1223. ANNA ENQUIST
Contrepoint

1224. AKIRA YOSHIMURA
Un spécimen transparent

1225. JUSTIN CARTWRIGHT
La Promesse du bonheur

1226. AREZKI MELLAL
Maintenant, ils peuvent venir

1227. JEAN CLAUDE AMEISEN
Sur les épaules de Darwin

1228. JOSEPH E. STIGLITZ
Le Prix de l'inégalité

1229. MARIE GROSMAN ET ROGER LENGLET
Menace sur nos neurones

1230. FRANCIS HALLÉ
La Condition tropicale

1231. DAVID VAN REYBROUCK
Contre les élections

1233. HÉLÈNE GAUDY
Si rien ne bouge

1234. RÉGINE DETAMBEL
Opéra sérieux

1235. ÉRIC VUILLARD
La Bataille d'Occident

1236. ANNE DELAFLOTTE MEHDEVI
Fugue

1237. ALEX CAPUS
Léon et Louise

1238. CLAUDIA PIÑEIRO
Les Veuves du jeudi

1239. MIEKO KAWAKAMI
Seins et Œufs

1240. HENRY BAUCHAU
L'Enfant rieur

1241. CLAUDE PUJADE-RENAUD
Dans l'ombre de la lumière

1242. LYNDA RUTLEDGE
Le Dernier Vide-Grenier de Faith Bass Darling

1243. FABIENNE JUHEL
La Verticale de la lune

1244. W. G. SEBALD
De la destruction

1245. HENRI, JEAN-LOUIS ET PASCAL PUJOL
Question(s) cancer

OUVRAGE RÉALISÉ
PAR L'ATELIER GRAPHIQUE ACTES SUD
REPRODUIT ET ACHEVÉ D'IMPRIMER
EN MAI 2014
PAR NORMANDIE ROTO IMPRESSION S.A.S.
À LONRAI
POUR LE COMPTE DES ÉDITIONS
ACTES SUD
LE MÉJAN
PLACE NINA-BERBEROVA
13200 ARLES

DÉPÔT LÉGAL
1re ÉDITION : JUIN 2014
N° impr. : 1402085
(Imprimé en France)